Impressum
Verlag: BABADADA GmbH, Nedderfeld 112 , 22529 Hamburg
Geschäftsführer / Verlagsleitung: Harald Hof
Druck: Books on Demand GmbH, In de Tarpen 42, 22848 Norderstedt

Imprint
Publisher: BABADADA GmbH, Nedderfeld 112 , 22529 Hamburg, Germany
Managing Director / Publishing direction: Harald Hof
Print: Books on Demand GmbH, In de Tarpen 42, 22848 Norderstedt, Germany

1

škola
shkolla

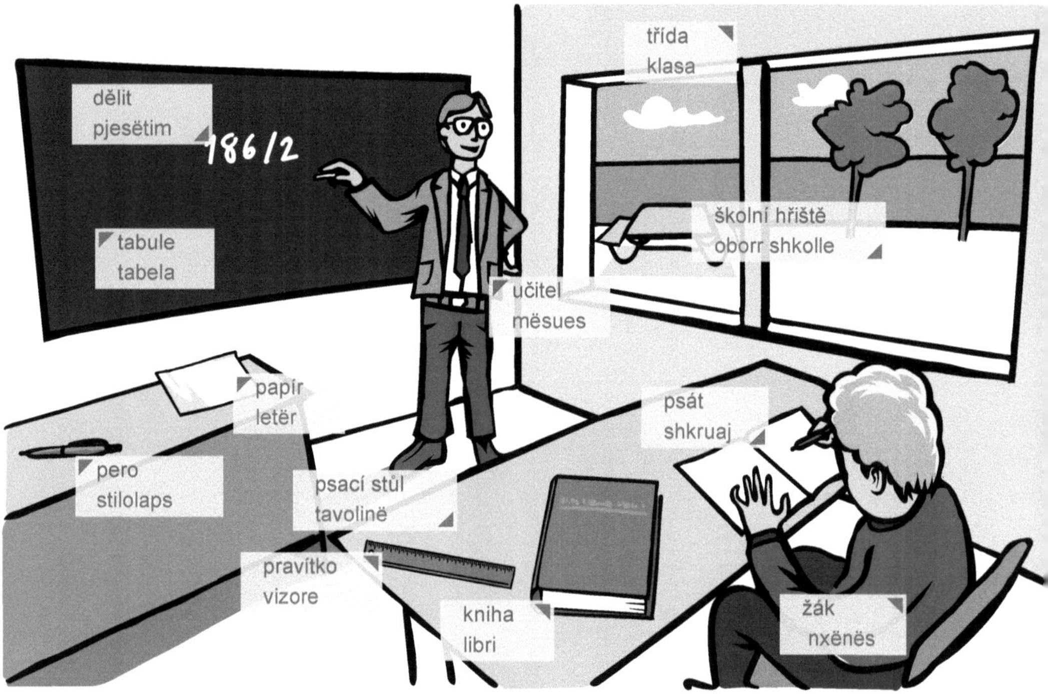

třída
klasa
dělit
pjesëtim
186/2
tabule
tabela
školní hřiště
oborr shkolle
učitel
mësues
papír
letër
psát
shkruaj
pero
stilolaps
psací stůl
tavolinë
pravítko
vizore
kniha
libri
žák
nxënës

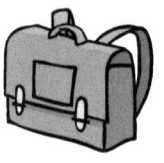

aktovka

çantë

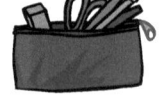

penál

mbajtëse lapsash

tužka

laps

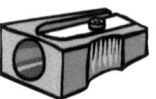

ořezávátko

mprehës lapsash

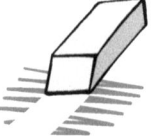

guma

gomë

blok na kreslení

fletore vizatimi

výkres

vizatim

štětec

penel

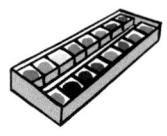

malířské potřeby

kuti bojërash

nůžky

gërshërë

lepidlo

ngjitës

cvičebnice

fletore detyrash

domácí úkol

detyrë shtëpie

počet

numër

sčítat

mbledh

odčítat

zbres

násobit

shumëzoj

počítat

llogaris

písmeno

gërmë

abeceda

alfabeti

slovo

fjalë

text

tekst

číst

lexoj

křída

shkumës

hodina

mësim

třídní kniha

regjistër

zkouška

provim

vysvědčení

çertifikatë

školní uniforma

uniformë shkolle

vzdělání

arsimim

encyklopedie

enciklopedia

univerzita

universitet

mikroskop

mikroskop

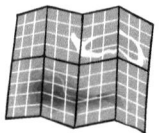

karta

hartë

odpadkový koš na papír

kosh letrash

cesta
udhëtim

hotel
hotel
Grand
ubytovna
bujtinë
ROOMS
směnárna
pikë këmbimi valutor
CHANGE
kufr
valixhe
auto
makinë

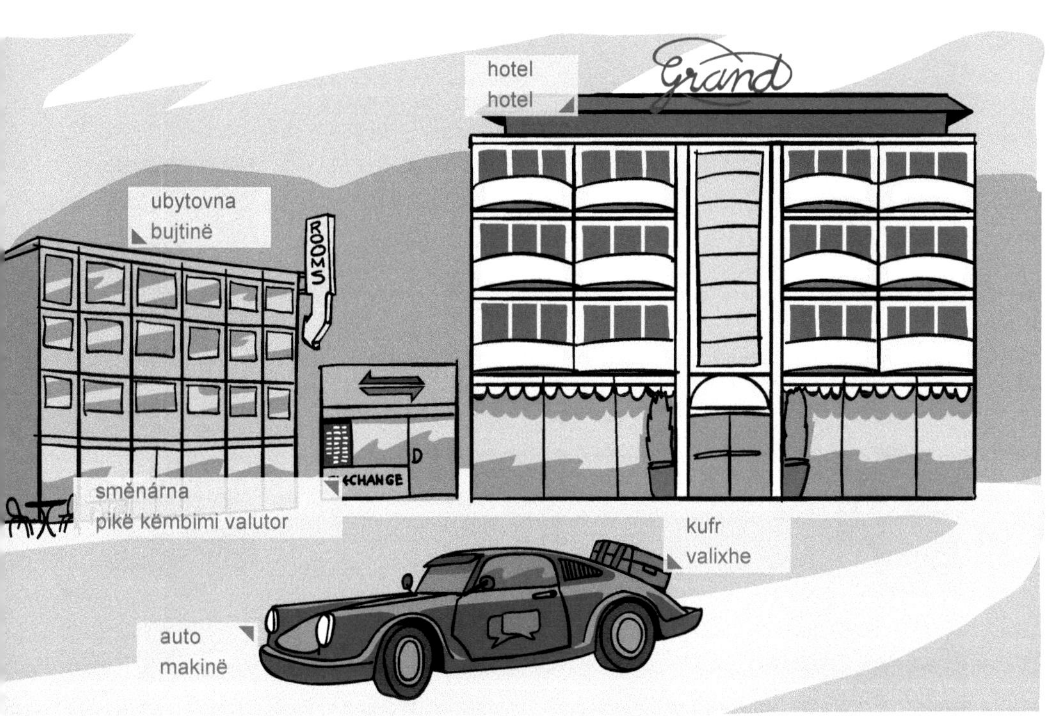

jazyk

gjuhë

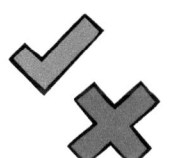

ano / ne

po / jo

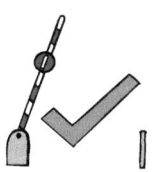

oukej

Në rregull

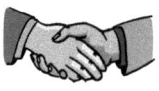

Ahoj!

ç'kemi

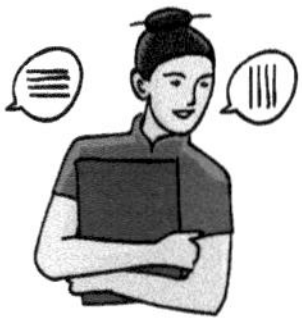

překladatel

përkthyes

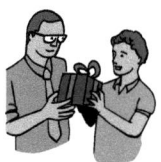

děkuji

Faleminderit

Kolik stojí...?

sa kushton...?

nerozumím

nuk e kuptoj

problém

problem

Dobrý večer!

Mirëmbrëma!

Dobré ráno!

Mirëmëngjes!

Dobrou noc!

Natën e mirë!

na shledanou

mirupafshim

směr

drejtim

zavazadlo

bagazhet

taška

çantë

batoh

çantë shpine

host

mysafir

pokoj

dhomë

spací pytel

thes gjumi

stan

tendë

cesta - udhëtim

turistické informace

informacion për turistët

pláž

plazh

kreditní karta

kartë krediti

snídaně

mëngjes

oběd

drekë

večeře

darkë

jízdenka

Biletë

výtah

ashensor

poštovní známka

pulla

hranice

kufi

clo

doganë

poselství

ambasadë

vízum

vizë

pas

pasaportë

transport
transport

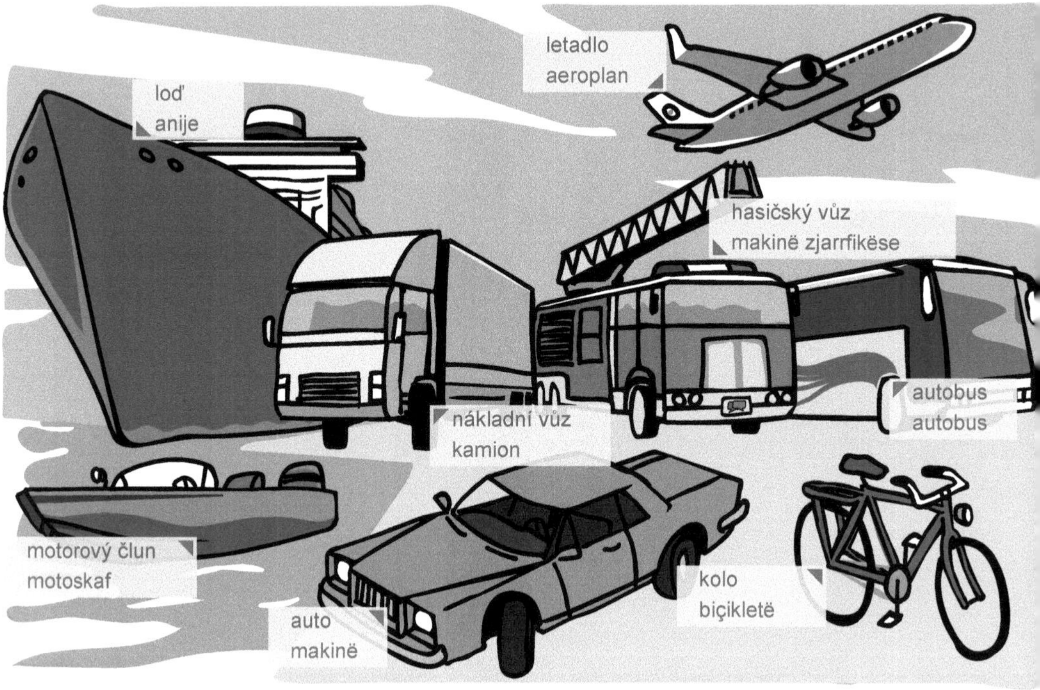

letadlo
aeroplan
loď
anije
hasičský vůz
makinë zjarrfikëse
autobus
autobus
nákladní vůz
kamion
motorový člun
motoskaf
kolo
biçikletë
auto
makinë

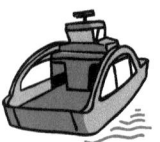

přívoz
traget

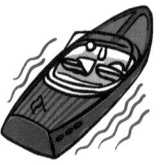

člun
varkë

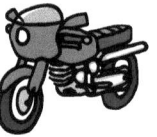

motorka
motoçikletë

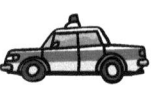

policejní auto
makinë policie

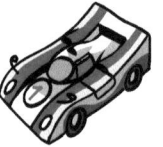

závodní auto
makinë garash

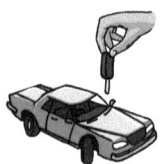

pronajaté auto
makinë me qira

sdílení aut

ndarje e qirasë së makinës

odtahová služba

karroatrec

popelářský vůz

makinë plehrash

motor

motor

palivo

benzinë

čerpací stanice

pikë karburanti

dopravní značka

sinjalistikë trafiku

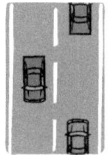

doprava

trafik

dopravní zácpa

bllokim trafiku

parkoviště

parkim makinash

vlakové nádraží

stacion treni

koleje

trase

vlak

tren

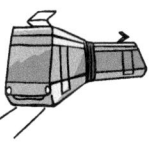

tramvaj

tramvaj

vagón

karro

helikoptéra

helikopter

letiště

aeroport

věž

kullë

pasažér

pasagjer

kontejner

kontenier

kartón

kuti kartoni

trakař

qerre

koš

shportë

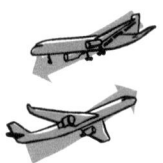

vzlétnout / přistát

ngrihem / ulem

město

qytet

vesnice

fshat

střed města

qendra e qytetit

dům

shtëpi

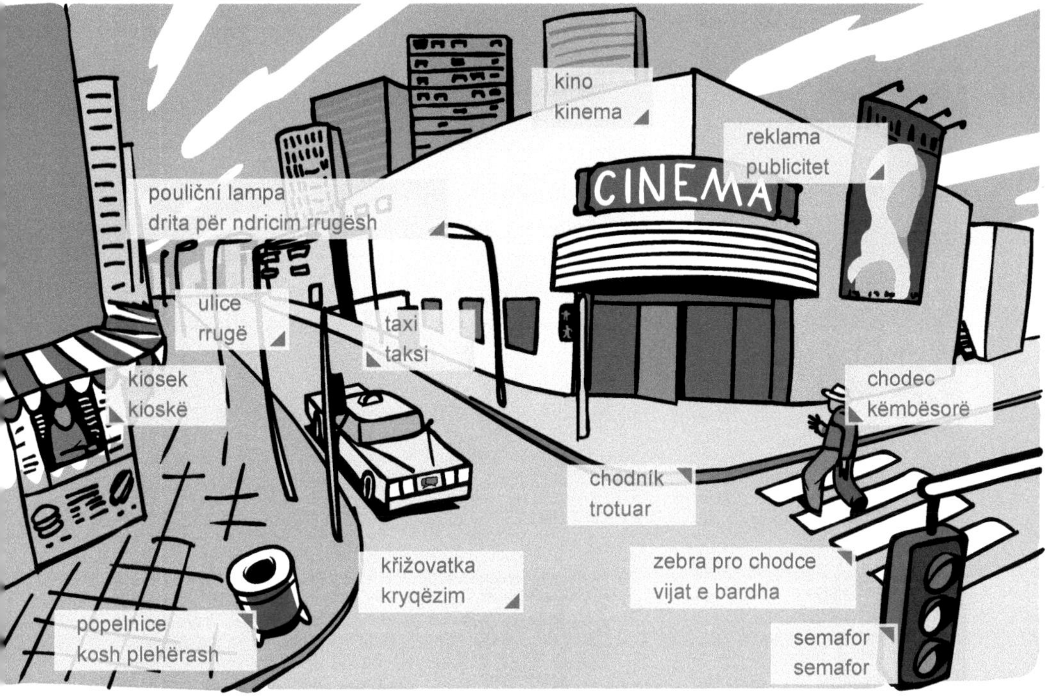

kino
kinema

reklama
publicitet

pouliční lampa
drita për ndricim rrugësh

ulice
rrugë

taxi
taksi

CINEMA

chodec
këmbësorë

kiosek
kioskë

chodník
trotuar

popelnice
kosh plehërash

křižovatka
kryqëzim

zebra pro chodce
vijat e bardha

semafor
semafor

chata
....
kasolle

byt
....
apartament

vlakové nádraží
....
stacion treni

radnice
....
bashki

muzeum
....
muze

škola
....
shkolla

univerzita

universitet

banka

bankë

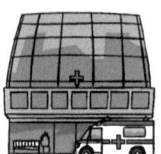

nemocnice

spital

hotel

hotel

lékárna

farmaci

kancelář

zyrë

knihkupectví

librari

obchod

dyqan

květinářství

dyqan lulesh

supermarket

supermarket

tržnice

market

obchodní dům

mapo

rybárna

dyqan peshku

nákupní centrum

qëndër tregtare

přístav

port

park

park

lavička

stol

most

urë

schody

shkallë

metro

metro

tunel

tunel

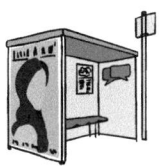

autobusová zastávka

stacion autobuzi

bar

bar

restaurace

restorant

poštovní schránka

kuti postare

pouliční tabule

sinjalistikë rrugore

parkovací hodiny

kohëmatës parkimi

zoo

kopsht zoologjik

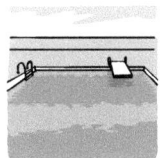

plovárna

pishinë

mešita

xhami

usedlost
fermë

znečišťování životního prostředí
ndotje

hřbitov
varrezë

církev
kishë

hřiště
shesh lojërash

chrám
tempull

krajina
peisazh

list
gjethe

rozcestník
tabela orientuese

cesta
rrugë

louka
livadh

kámen
gurë

turista
ekskursionist

strom
pemë

řeka
lumë

tráva
bar

květina
lule

údolí

luginë

hora

kodër

jezero

liqen

les

pyll

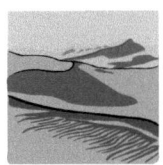

poušť

shkretëtirë

sopka

vullkan

zámek

kështjellë

duha

ylber

houba

kepudhë

palma

palmë

komár

mushkonjë

moucha

mizë

mravenec

milingonë

včela

bletë

pavouk

merimangë

brouk

brumbull

žába

bretkosë

veverka

ketër

ježek

iriq

zajíc

lepur

sova

buf

pták

zog

labuť

mjellmë

divoké prase

derr i egër

jelen

dre

los

dre brilopatë

přehrada

digë

větrné kolo

turbinë ere

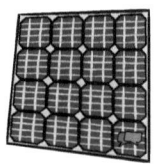

solární panel

panel diellor

podnebí

klimë

restaurace
restorant

číšník
kamarier
jídelní lístek
menu
židle
karrige
polévka
supë
pizza
pica
příbor
set ngrënieje
ubrus
mbulesë tavoline

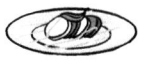

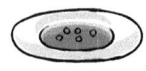

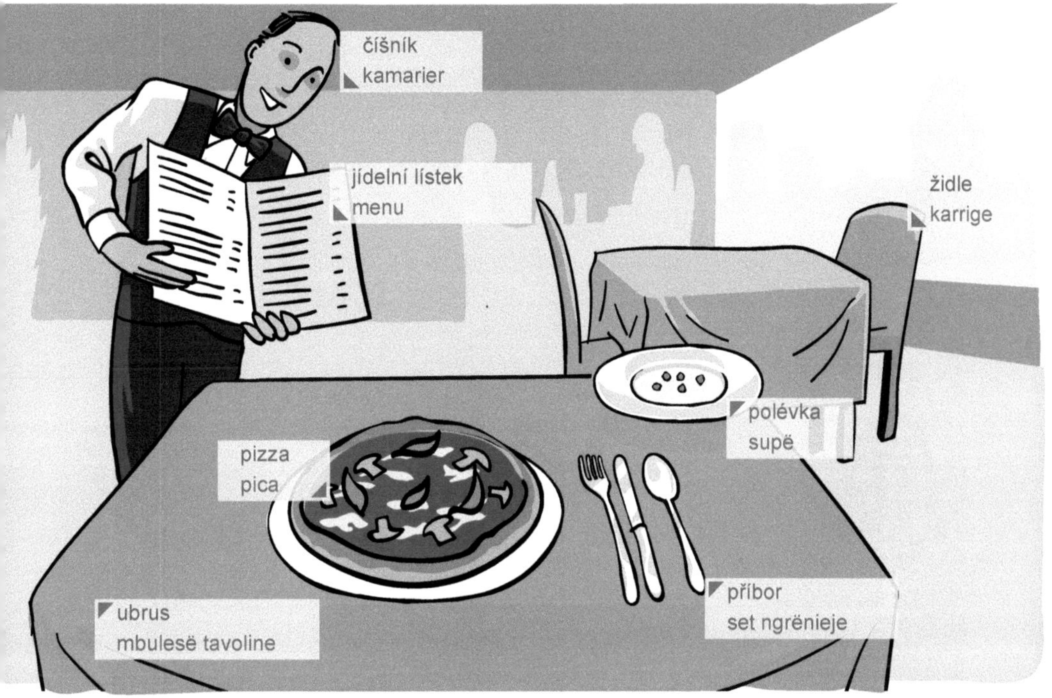

předkrm

pjatë e parë

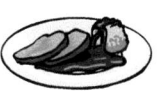

hlavní chod

pjatë kryesore

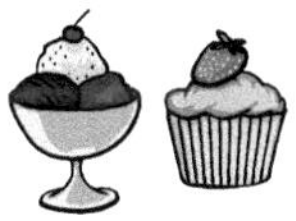

dezert

ëmbëlsirë

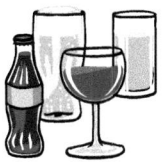

nápoje

pije

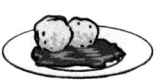

jídlo

ushqim

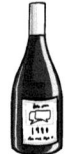

láhev

shishe

rychlé občerstvení

ushqim i shpejtë

pouliční občerstvení

ushqim i shërbyer në rrugë

čajová konvice

ibrik çaji

cukřenka

kuti sheqeri

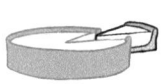

porce

racion

kávovar na espresso

makinë kafeje ekspres

dětská stolička

karrige e lartë

faktura

faturë

tác

tabaka

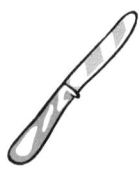

nůž

thika

vidlička

pirun

lžíce

lugë

čajová lyžička

lugë çaji

ubrousek

pecetë

sklenička

gotë

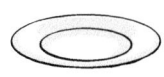

talíř
....
pjatë

talíř na polévku
....
pjatë supe

podšálek
....
pjatë filxhani

omáčka
....
salcë

slánka
....
mbajtëse kripe

mlýnek na pepř
....
mulli piperi

ocet
....
uthull

olej
....
vaj

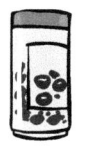

koření
....
erëza

kečup
....
keçap

hořčice
....
mustardë

majonéza
....
majonezë

supermarket
supermarket

nabídka
ofertë speciale
zákazník
klient
mléčné výrobky
produkte bulmeti
nákupní vozík
karrocë pazari
ovoce
frut
FOR

BUTCHERS

masna

dyqan mishi

BAKERY

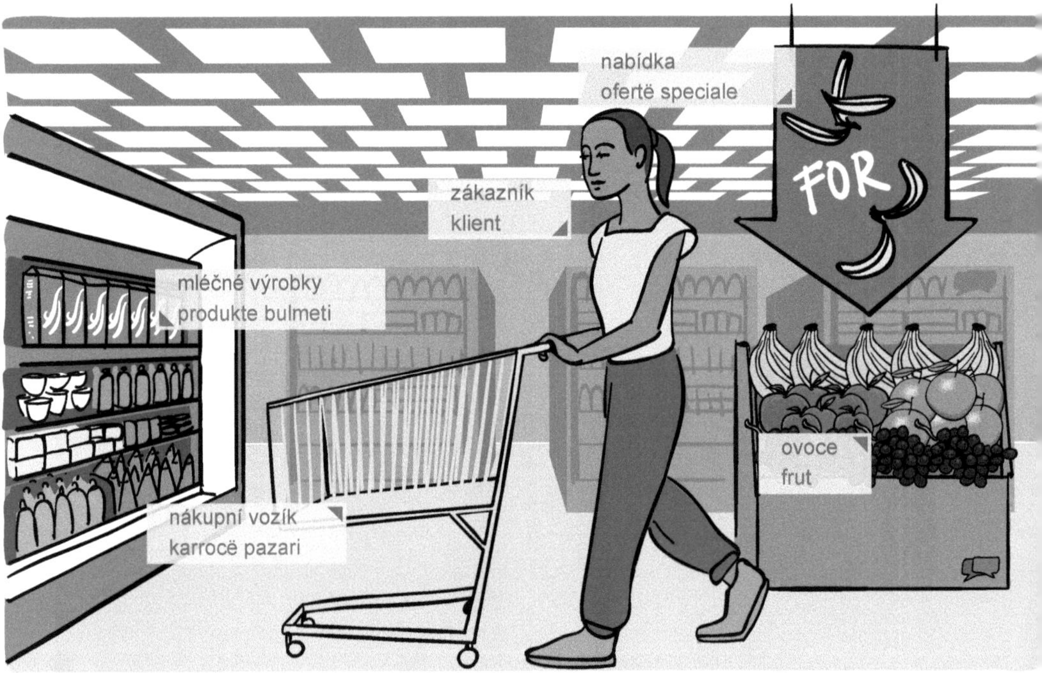

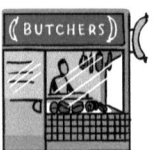

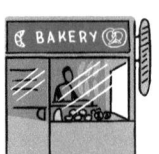

pekařství

furrë buke

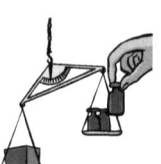

vážit

peshoj

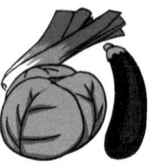

zelenina

perime

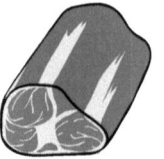

maso

mish

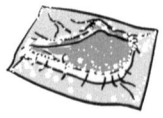

mražené potraviny

ushqim i ngrirë

obložený talíř
copë

konzervy
ushqim i konservuar

prací prášek
pluhur larës

cukrovinky
ëmbëlsirat

výrobky pro domácnost
prodhime shtëpie

čisticí prostředek
produkte pastrimi

prodavačka
shitëse

pokladna
kasë fiskale

pokladní
arkëtar

nákupní seznam
listë blerjeje

otevírací doba
oraret e punës

peněženka
portofol

kreditní karta
kartë krediti

taška
çantë

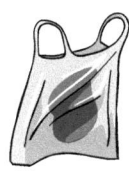

igelitová taška
qese plastike

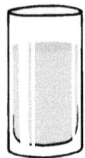

voda

ujë

džus

lëng frutash

mléko

qumësht

kola

koka-kola

víno

verë

pivo

birrë

alkohol

alkool

kakao

kakao

čaj

çaj

káva

kafe

espresso

kafe ekspres

kapučíno

kapuçino

banán

banane

jablko

mollë

pomeranč

portokalle

meloun

pjepër

citrón

limon

mrkev

karrotë

česnek

hudhër

bambus

bambu

cibule

qepë

houba

kërpudha

ořechy

arra

těstoviny

makarona

špageti	rýže	salát
spageti	oriz	sallatë

hranolky	americké brambory	pizza
patate të skuqura	patate të skuqura	pica

hamburger	sendvič	řízek
hamburger	sanduiç	shnicel
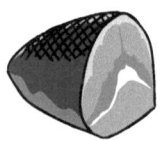		
šunka	salám	salám
proshutë	sallam	salçiçe

kuře	pečeně	ryby
pulë	skuq	peshk

ovesné vločky

tërshërë

müsli

drithëra

vločky

kornfleiks

mouka

miell

croissant

kruasant

houska

panine

chléb

bukë

toast

tost

sušenky

biskotë

máslo

gjalp

tvaroh

gjizë

buchta

tortë

vejce

vezë

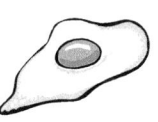

volské oko

vezë sy

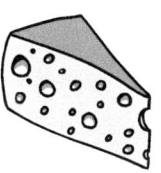

sýr

djathë

zmrzlina

akullore

cukr

sheqer

med

mjaltë

marmeláda

marmaladë

nugátový krém

çokokrem

kari

këri

usedlost
fermë

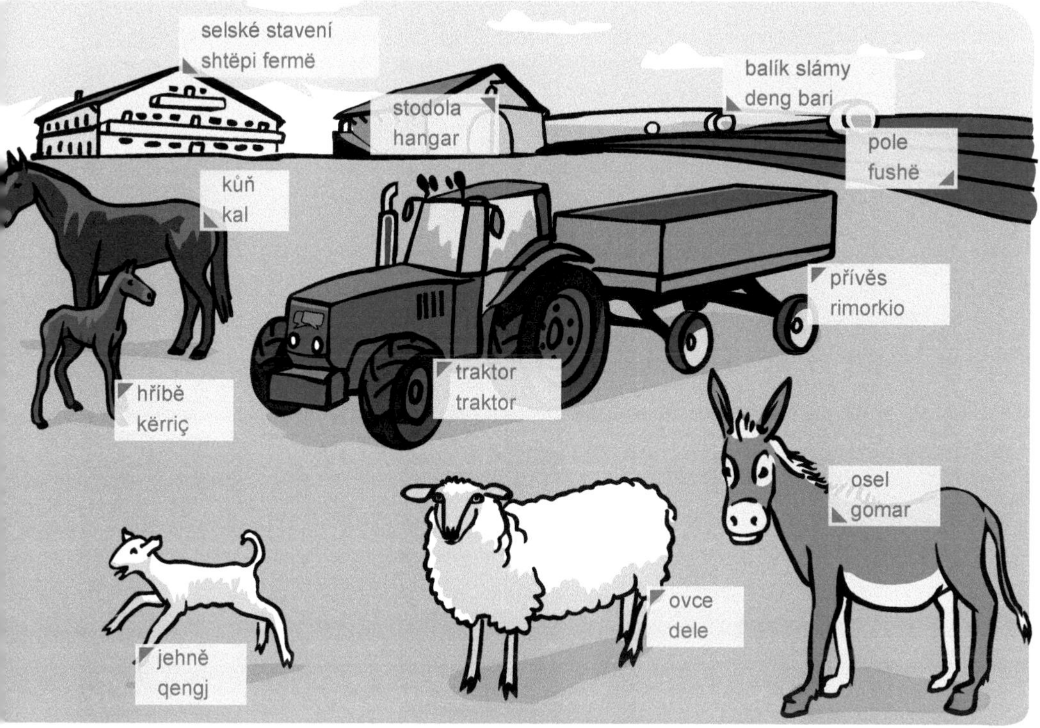

selské stavení
shtëpi fermë
stodola
hangar
balík slámy
deng bari
pole
fushë
kůň
kal
přívěs
rimorkio
traktor
traktor
hříbě
kërriç
osel
gomar
ovce
dele
jehně
qengj

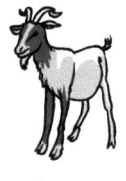

koza

dhi

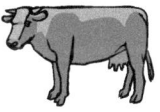

kráva

lopë

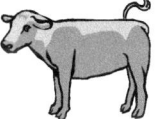

tele

viç

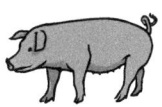

prase

derr

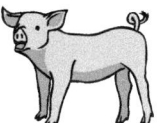

sele

derrkuc

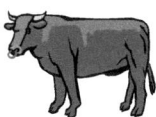

býk

dem

husa

patë

kachna

rosë

kuře

zog pule

slepice

pulë

kohout

gjel

krysa

mi

kočka

mace

myš

mi

vůl

buall

pes

qen

psí bouda

kolibe qeni

zahradní hadice

zorrë vaditëse

kropicí konev

vaditëse

kosa

kosë

pluh

plug

srp

drapër

motyka

shat

vidle

kosa

sekera

sëpatë

kolecko

karrocë

koryto

govatë

konev na mléko

bidon qumështi

pytel

thes

plot

gardh

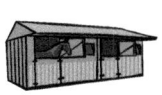

stáj

ahur

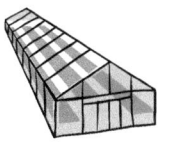

skleník

serë

půda

dhe

osivo

farë

hnojivo

pleh

kombajn

autokombanjë

sklidit
....
korr

sklizeň
....
te korrat

smldinec
....
patate e ëmbël "Yam"

pšenice
....
grurë

sója
....
soja

brambora
....
patate

kukuřice
....
misër

řepka
....
raps

ovocný strom
....
pemë frutore

maniok
....
zhardhok manioku

obilí
....
drithëra

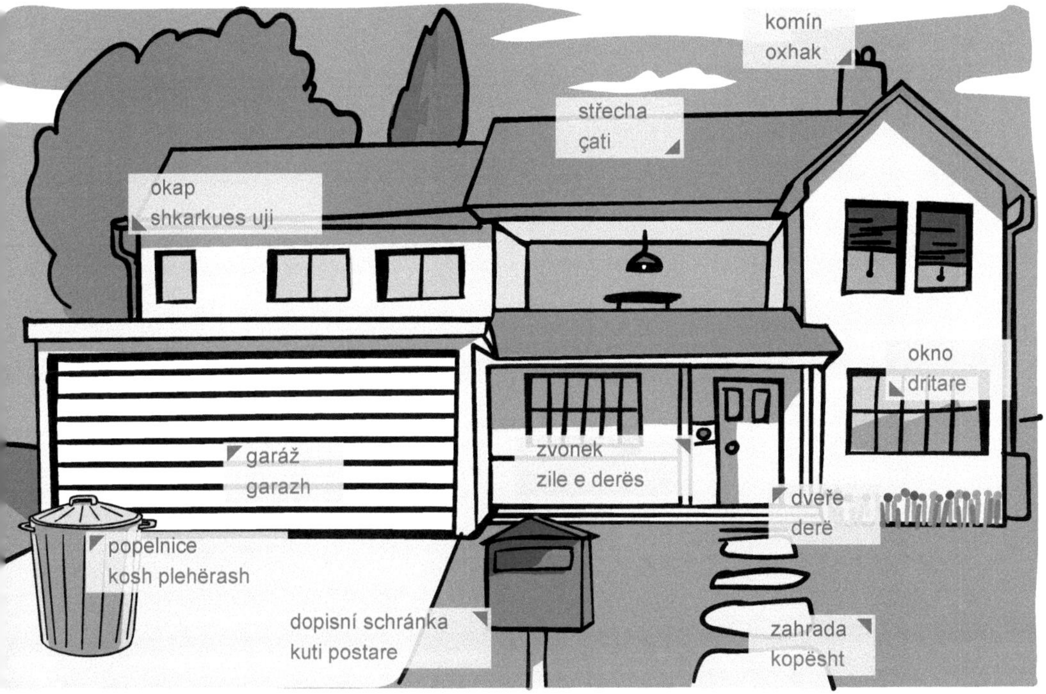
komín
oxhak
střecha
çati
okap
shkarkues uji
okno
dritare
garáž
garazh
zvonek
zile e derës
dveře
derë
popelnice
kosh plehërash
dopisní schránka
kuti postare
zahrada
kopësht

obývací pokoj

dhomë ndenjeje

koupelna

tualet

kuchyně

kuzhinë

ložnice

dhomë gjumi

dětský pokoj

dhomë fëmijësh

jídelna

dhomë ngrënieje

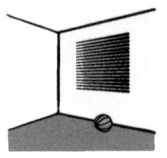

podlaha

dysheme

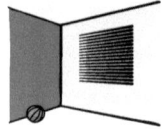

zeď

mur

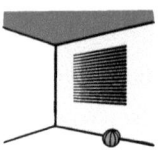

deka

tavan

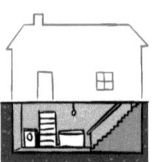

sklep

bodrum

sauna

sauna

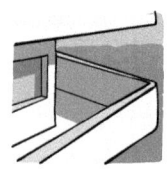

balkón

ballkon

terasa

tarracë

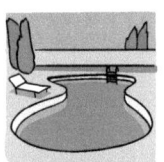

bazén

pishinë

sekačka na trávu

kositëse bari

ložní prádlo

çarçaf

lůžková přikrývka

kuvertë

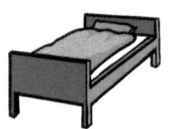

postel

krevat

smeták

fshesë dore

kýbl

kovë

vypínač

çelës

obývací pokoj
dhomë ndenjeje

tapeta
tapiceri
obrázek
fotografi
žárovka
llambë
police
raft
skříň
dollap
televizor
pajisje televizive
komín
vatër
květina
lule
polštář
jastëk
gauč
divan
váza
vazo
dálkový ovladač
telekomandë

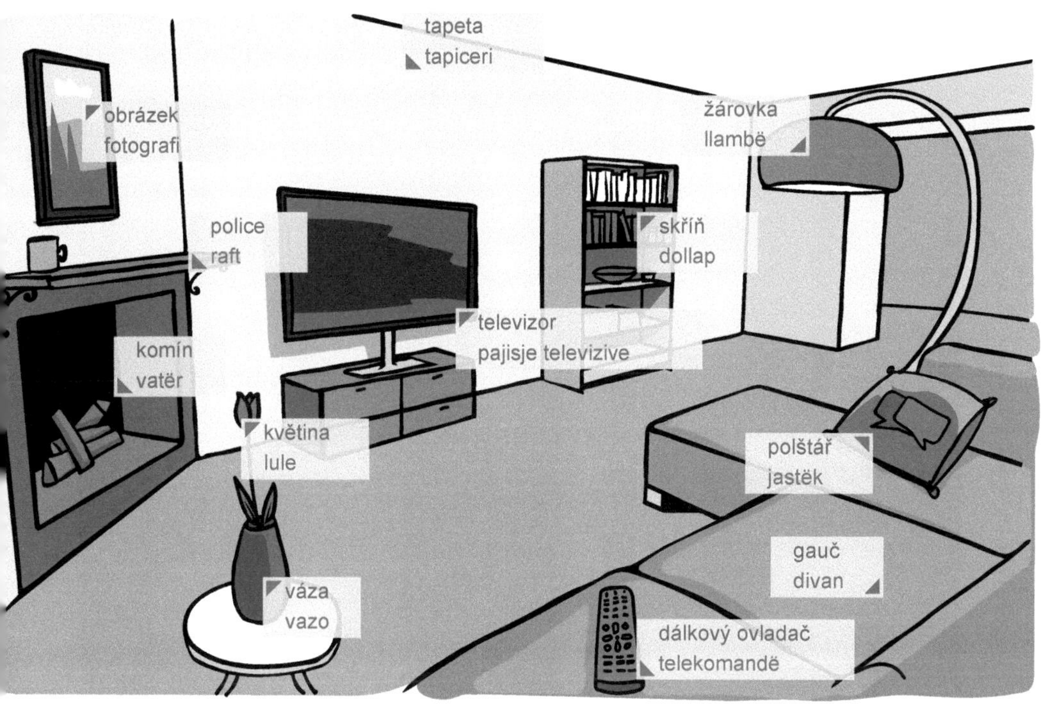

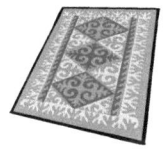

koberec

qilim

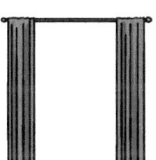

závěs

perde

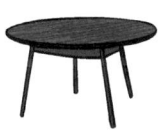

stůl

tavolinë

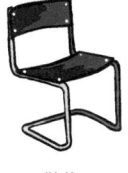

židle

karrige

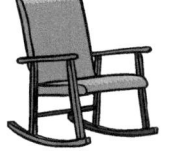

houpací křeslo

karrige lëkundëse

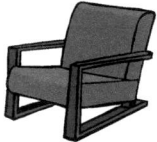

křeslo

kolltuk

kniha

libri

strop

batanije

ozdoba

zbukurime

palivové dříví

dru zjarri

film

film

stereo souprava

stereo

klíč

çelës

noviny

gazetë

malba

pikturë

plakát

afishe

rádio

radio

poznámkový blok

bllok shënimesh

vysavač

fshesë me korent

kaktus

kaktus

svíce

qiri

kuchyně
kuzhinë

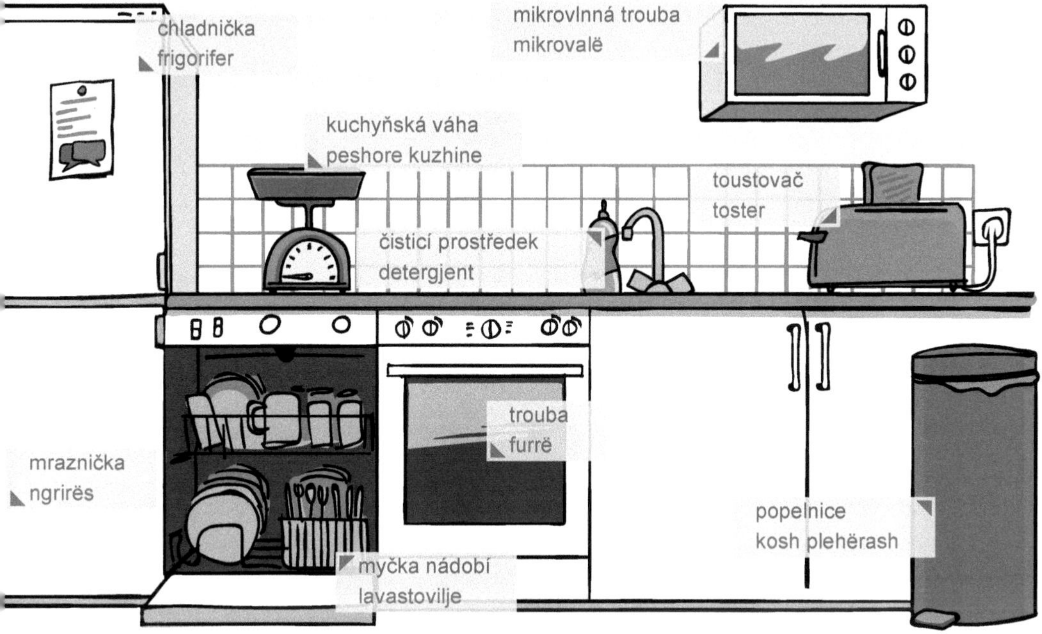

chladnička
frigorifer
mikrovlnná trouba
mikrovalë
kuchyňská váha
peshore kuzhine
toustovač
toster
čisticí prostředek
detergjent
trouba
furrë
mraznička
ngrirës
popelnice
kosh plehërash
myčka nádobí
lavastovilje

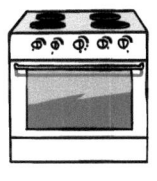

sporák

sobë

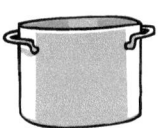

hrnec

tenxhere

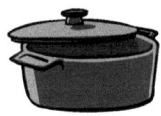

litinový hrnec

tenxhere me kapak

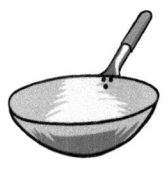

wok / kadai

tigan special (Wok)

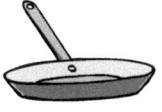

pánev

tigan

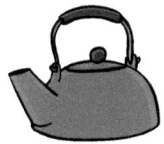

varná konvice

çajnik

parní hrnec

tenxhere me avull

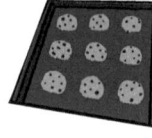

plech na pečení

tavë pjekjeje

nádobí

enë

hrnek

filxhan

miska

tas

jídelní hůlky

shkopinj

naběračka

garuzhde

obracečka

spatul

metla

tel kuzhine

síto

kulluese

cedník

sitë

struhadlo

rende

hmoždíř

havan

gril

skarë

ohniště

zjarr

prkénko na krájení

dërrasë për prerje

váleček na těsto

okllai

vývrtka

heqëse tapash

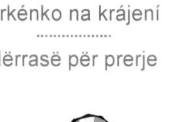

dóza

kanaçe

otvírák na konzervy

hapëse kanaçeje

chňapka

rrobë për të kapur tenxheren

umyvadlo

lavaman

kartáč na nádobí

furçë

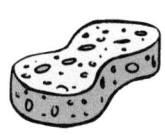

houba

sfungjer

mixér

përzjerës

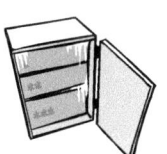

mrazák

ngrirës

dětská lahev

biberon për lëngje

kohoutek

rubinet

koupelna
tualet

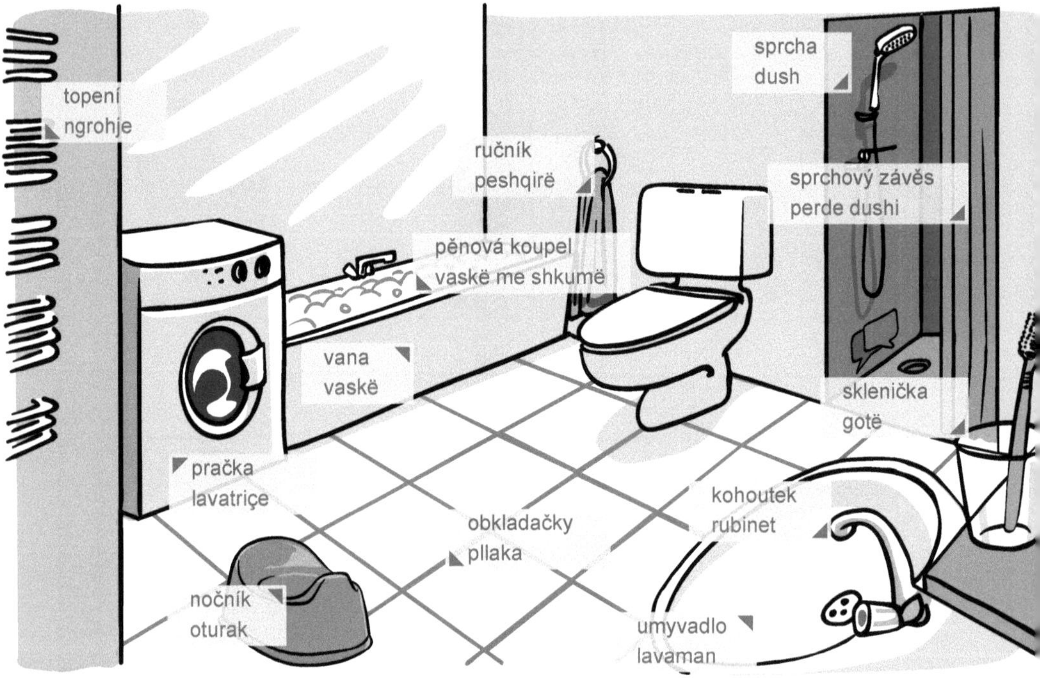

topení
ngrohje
ručník
peshqirë
sprcha
dush
sprchový závěs
perde dushi
pěnová koupel
vaskë me shkumë
vana
vaskë
sklenička
gotë
pračka
lavatriçe
kohoutek
rubinet
obkladačky
pllaka
nočník
oturak
umyvadlo
lavaman

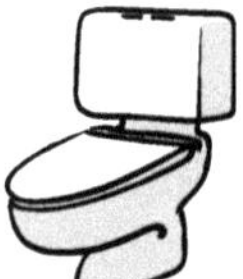

záchod

tualet

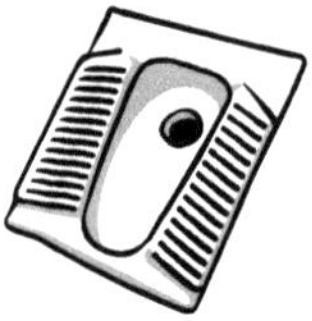

turecký záchod

WC e sheshtë

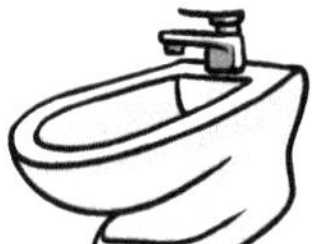

bidet

bide

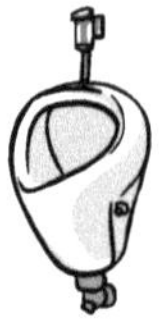

pisoár

tualet publik

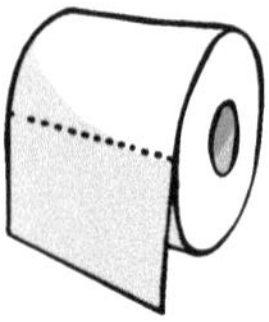

toaletní papír

letër higjienike

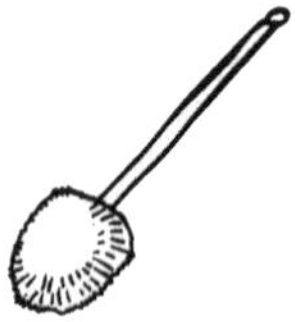

záchodová štětka

furçe për WC

zubní kartáček

furçë dhëmbësh

zubní pasta

pastë dhëmbësh

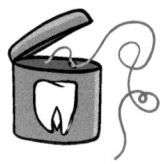

zubní niť

fije dentare

mýt

laj

ruční sprcha

dorezë dushi

intimní sprcha

larës për zonën intime

umyvadlo

legen

kartáč na záda

furçë për masazh shpine

mýdlo

sapun

sprchový gel

shampo trupi

šampón

shampo

žínka

leckë pastruese

odpad

kullues

krém

krem

deodorant

antidjersë

koupelna - tualet

zrcadlo

pasqyrë

kosmetické zrcátko

pasqyrë dore

holicí strojek

brisk rroje

pěna na holení

shkumë rroje

voda po holení

locion pas rrojes

hřeben

krehër

kartáč

furçë

fén

tharëse flokësh

lak na vlasy

llak për flokët

makeup

grim

rtěnka

buzëkuq

lak na nehty

manikyr

vata

mbushje pambuku

nůžky na nehty

gërshërë për thonj

parfém

parfum

taška s toaletními potřebami

cantë për sendet personale

stolička

Stol

váha

peshore

župan

robëdëshambër

gumové rukavice

dorashka gome

tampón

tampon

dámská vložka

peceta higjienike

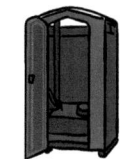

chemická toaleta

tualet I lëvizshëm

dětský pokoj
dhomë fëmijësh

budík
orë me zile
plyšová hračka
lodra me pellushë
autíčko
makinë lodër
chrastítko
rraketake
domeček pro panenky
shtëpi kukullash
dárek
dhuratë

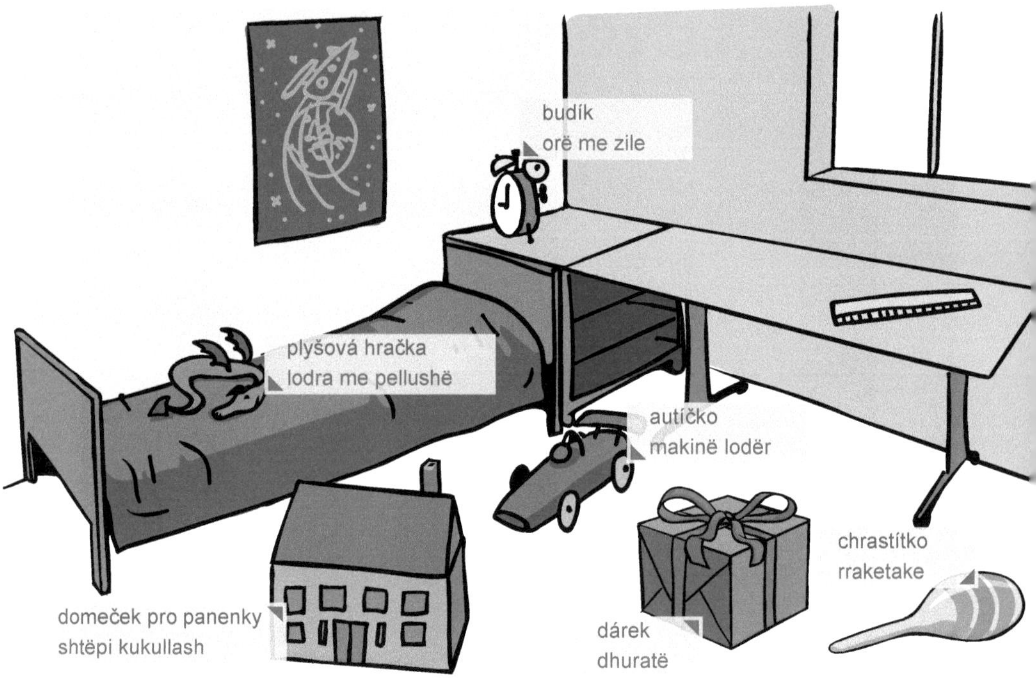

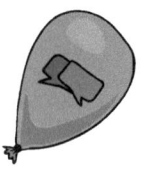

balón

tollumbace

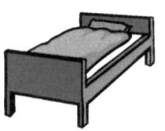

postel

krevat

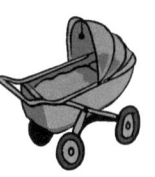

kočárek

karrocë fëmijësh

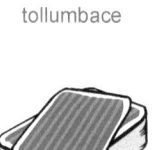

balíček karet

lojë me letra

puzzle

bashkim pjesësh me figura

SUPER
MEGA

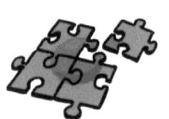

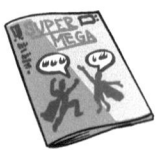

komiks

komik

lego kostky

formuese lodër

stavebnice

kuba plastikë

akční figurka

lodra

dupačky

badi

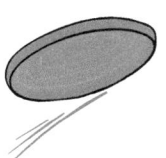

frisbee

frizbi

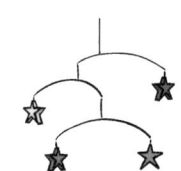

závěsné hračky nad postýlku

lodra të varura tek krevati i fëmijëve

desková hra

tavolinë lojërash

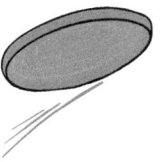

kostky

zare

modelová železnice

model treni

dudlík

biberon

oslava

festë

obrázková kniha

libër me ilustrime

míč

top

panenka

kukull

hrát si

luaj

pískoviště

grumbull rëre

houpačka

kolovarëse

hračky

lodra

hrací konzole

leva për lojra video

tříkolka

triçikël

medvídek

arush prej pellushi

šatník

garderobë

oblečení
veshje

ponožky

çorape

punčochy

çorape të gjata

punčochové kalhoty

geta

šála
shall

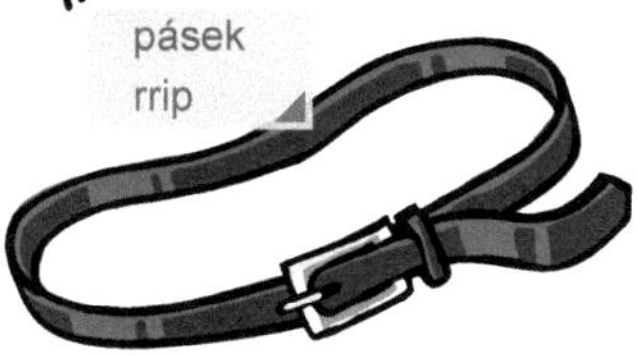

pásek
rrip

deštník
çadër

tričko
bluzë pa jakë

kozačky
çizme

domácí obuv
pantofla

tenisky
atlete

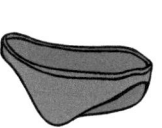

sandály
....
sandale

obuv
....
këpucë

holínky
....
çizme llastiku

spodní prádlo
....
të mbathura

podprsenka
....
reçipeta

nátělník
....
kanotierë

body
trup

kalhoty
pantallona

džíny
xhinse

sukně
fund

blůza
bluzë

košile
këmishë

svetr
pulovër

mikina
triko

blejzr
xhaketë

bunda
xhaketë

kabát
pallto

pláštěnka
mushama shiu

kostým
kostum

šaty
fustan

svatební šaty
fustan nusërie

oblek
....
kostum

noční košile
....
këmishë nate

pyžamo
....
pizhama

sárí
....
sari (veshje tradicionale
indiane)

šátek na hlavu
....
shami koke

turban
....
çallmë

burka
....
veshje për femrat e besimit
musliman

kaftan
....
kaftan (lloj veshjeje
tradicionale)

abája
....
ferexhe

plavky
....
kostum banje

pánské plavky
....
rroba banje

kraťasy
....
pantallona të shkurtra

teplákový souprava
....
tuta sporti

zástěra
....
përparëse

rukavice
....
dorashka

knoflík

kopsë

brýle

syze

náramek

byzylyk

náhrdelník

gjerdan

prsten

unazë

náušnice

vath

čepice

kapuç

ramínko

varëse për pallto

klobouk

kapele

kravata

kravatë

zip

zinxhir

helma

helmetë

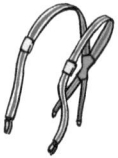

kšandy

tiranda

školní uniforma

uniformë shkolle

uniforma

uniformë

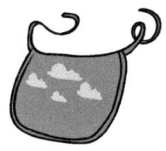

bryndák

gushore

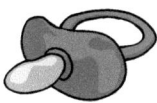

dudlík

biberon

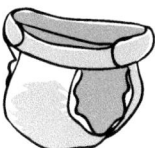

plena

pelenë

kancelář

zyrë

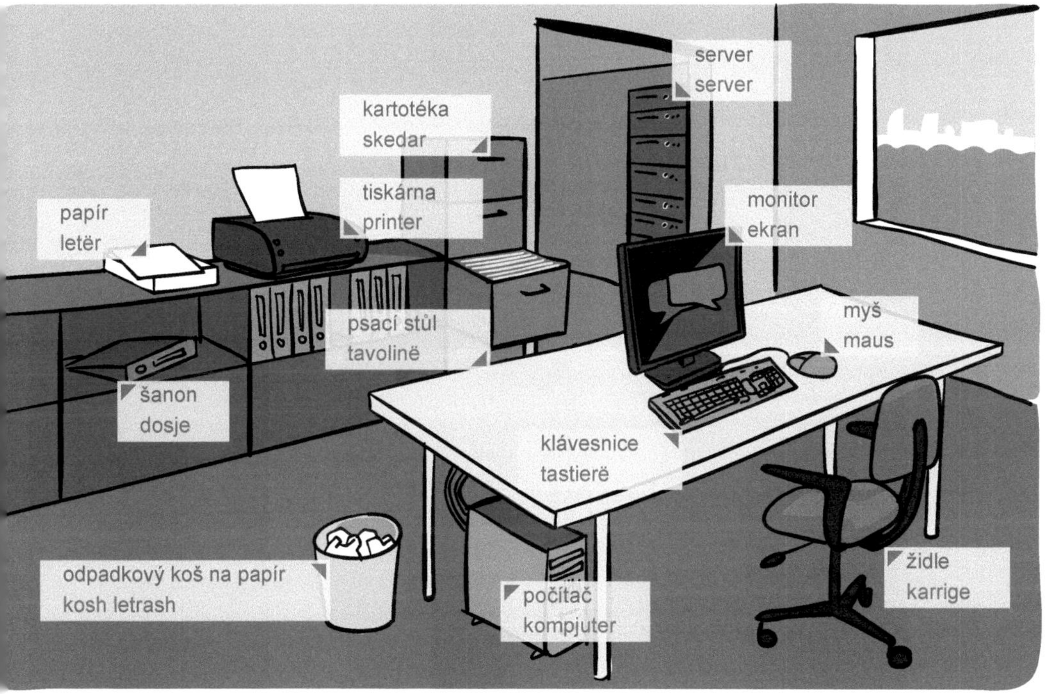
server
server
kartotéka
skedar
tiskárna
printer
papír
letër
monitor
ekran
psací stůl
tavolinë
myš
maus
šanon
dosje
klávesnice
tastierë
odpadkový koš na papír
kosh letrash
počítač
kompjuter
židle
karrige

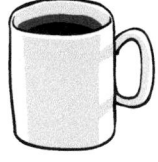

hrnek na kávu

filxhan kafeje

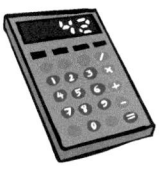

kalkulačka

makinë llogaritëse

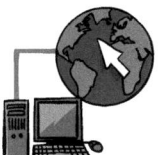

internet

internet

notebook

kompjuter portativ

dopis

letër

zpráva

mesazh

mobil

telefon

síť

rrjet

kopírka

fotokopje

software

program

telefon

telefon

zásuvka

prizë

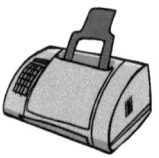

fax

pajisje faksi

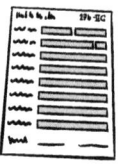

formulář

formular

dokument

dokument

nakupovat
blej

zaplatit
paguaj

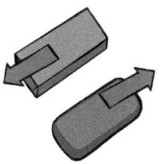

jednat
tregtoj

peníze
para

dolar
dollar

euro
euro

jen
jen

rubl
rubla

frank
franga zvicerane

juan
juani kinez

rupie
rupje

bankomat
bankomat

směnárna

pikë këmbimi valutor

zlato

ar

stříbro

argjend

olej

nafta

energie

energji

cena

çmim

smlouva

kontratë

daň

taksë

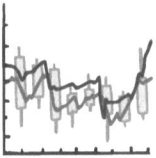

akcie

aksione

pracovat

punoj

zaměstnanec

punonjës

zaměstnavatel

punëdhënës

továrna

fabrikë

obchod

dyqan

povolání
profesionet

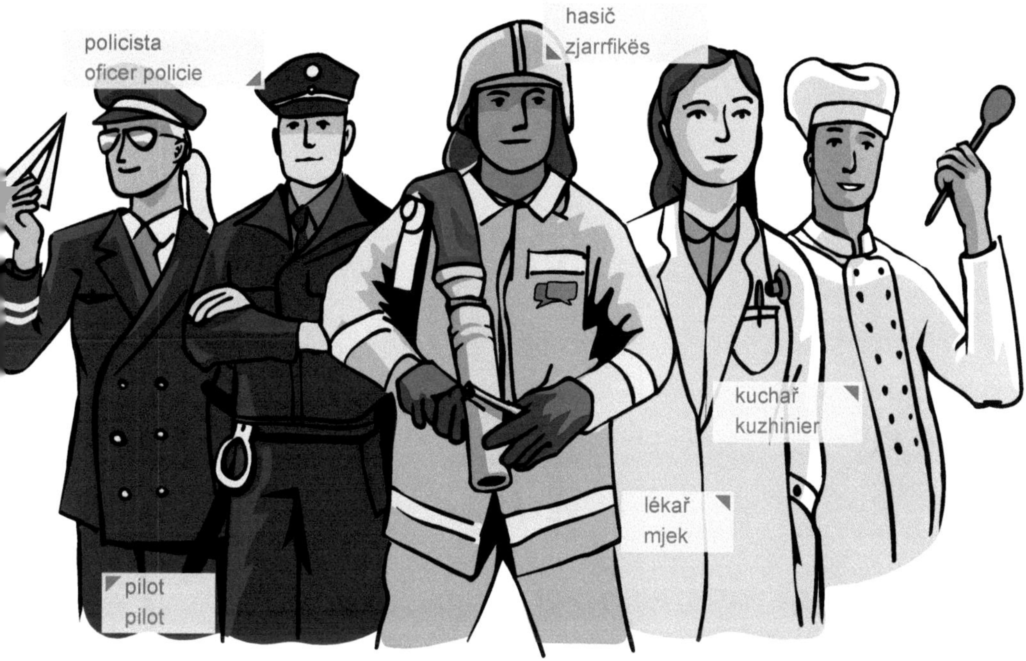

policista
oficer policie
hasič
zjarrfikës
kuchař
kuzhinier
lékař
mjek
pilot
pilot

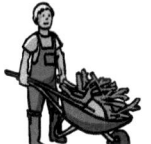

zahradník

kopshtar

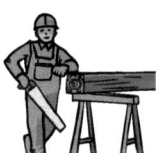

truhlář

marangoz

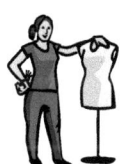

švadlena

rrobaqepëse

soudce

gjykatës

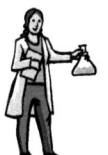

chemik

kimist

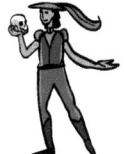

herec

aktor

řidič autobusu

shofer autobuzi

řidič taxi

taksist

rybář

peshkatar

uklízečka

pastruese

pokrývač

riparues çatish

číšník

kamarier

myslivec

gjuetar

malíř

piktor

pekař

furrxhi

elektrikář

elektriçist

stavební dělník

ndërtues

inženýr

inxhinier

řezník

kasap

klempíř

hidraulik

listonoš

postieri

voják

ushtar

architekt

arkitekt

pokladní

arkëtar

florista

luleshitës

kadeřník

berber

průvodčí

kontrollor

mechanik

mekanik

kapitán

kapiten

zubař

dentist

vědec

shkencëtar

rabín

rabin

imám

imam

mnich

murg

duchovní

klerik

nářadí
mjete

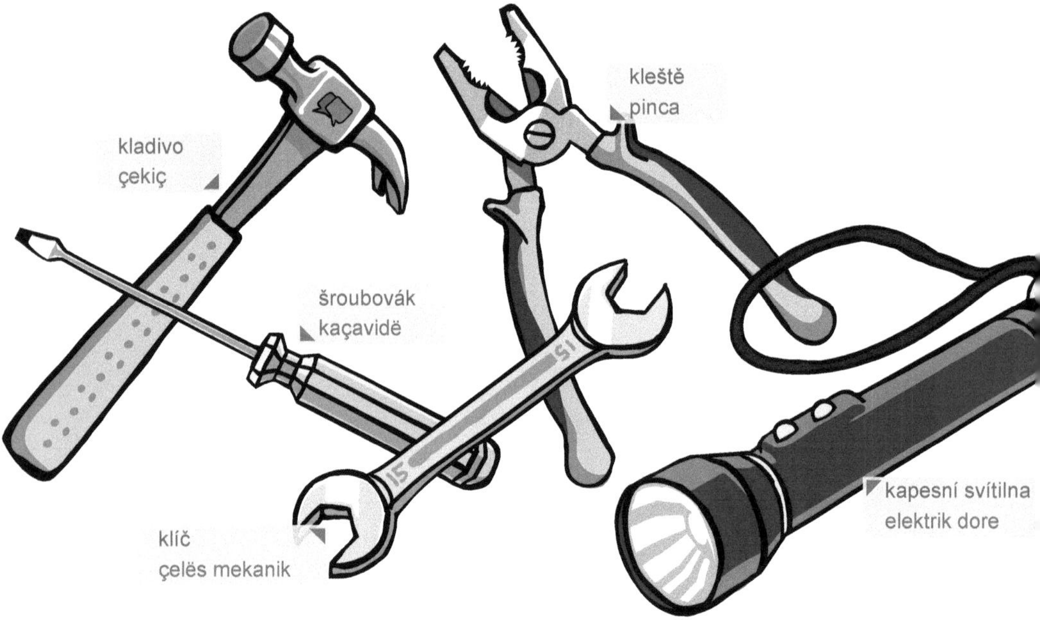
kleště
pinca
kladivo
çekiç
šroubovák
kaçavidë
klíč
çelës mekanik
kapesní svítilna
elektrik dore

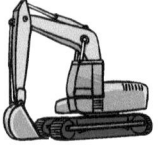

bagr

ekskavator

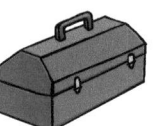

skříň na nářadí

kuti veglash

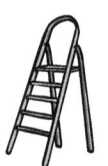

žebřík

shkallë

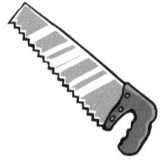

pila

sharrë

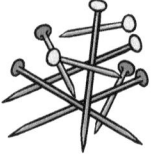

hřebíky

gozhdë

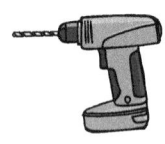

vrtačka

trapan

opravit
....
riparoj

lopata
....
lopatë

Kurva!
....
Dreq!

lopatka
....
kaci

vědroé na barvu
....
kuti boje

šrouby
....
vidhë

hudební nástroje
instrumenta muzikorë

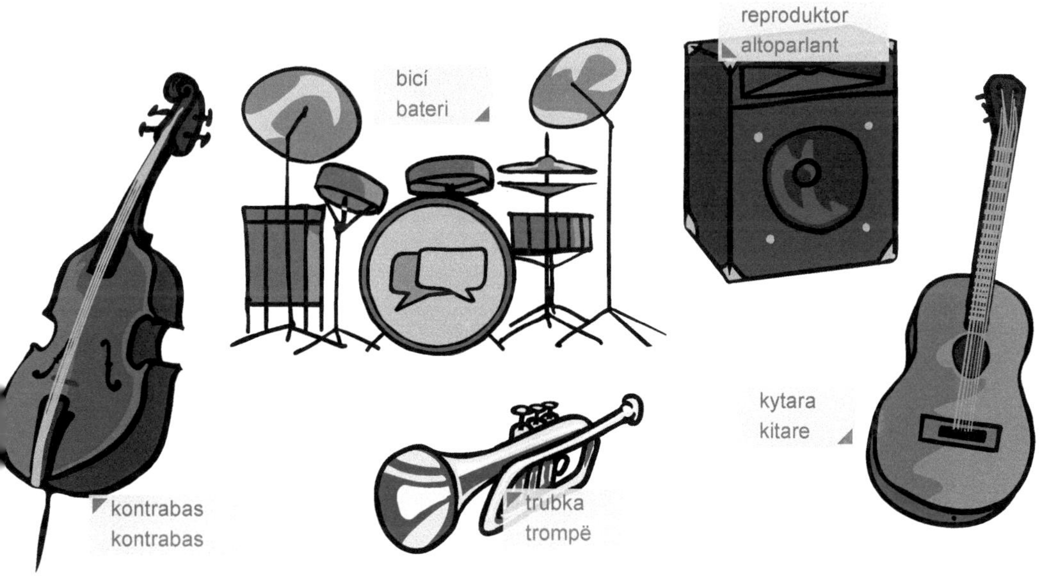

reproduktor
altoparlant

bicí
bateri ◢

kytara
kitare ◢

▼kontrabas
kontrabas

trubka
trompë

klavír
piano

housle
violinë

basa
bas

tympán
tamburë

bubny
daulle

keyboard
tastierë pianoje

saxofon
saksofon

flétna
flaut

mikrofon
mikrofon

zoo

kopsht zoologjik

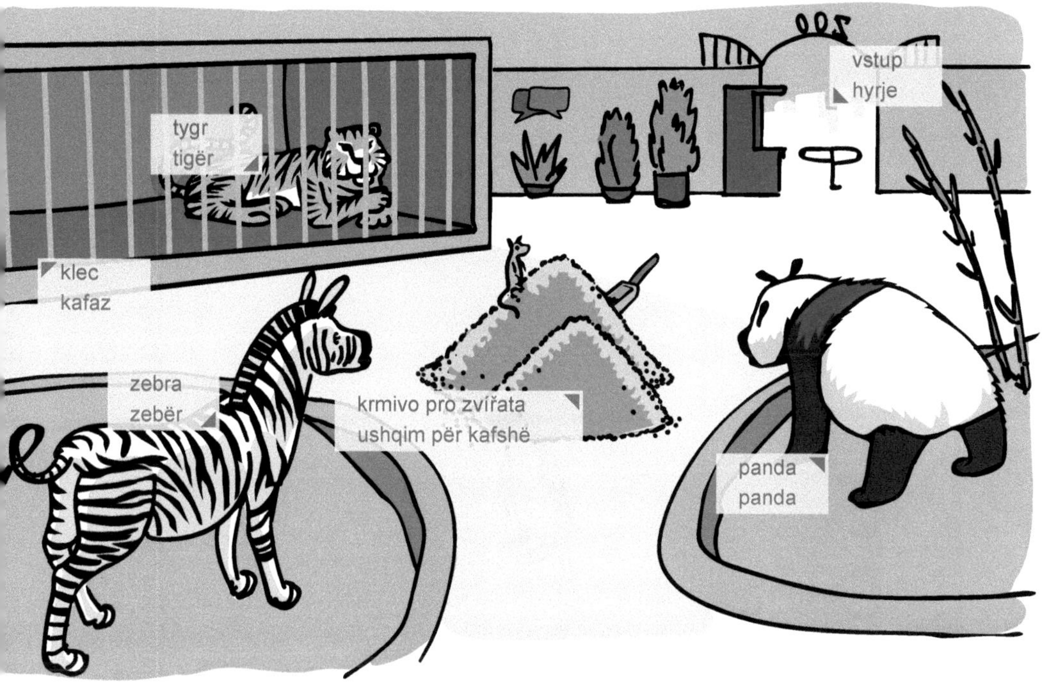
vstup
hyrje
tygr
tigër
klec
kafaz
zebra
zebër
krmivo pro zvířata
ushqim për kafshë
panda
panda

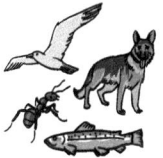

zvířata

kafshë

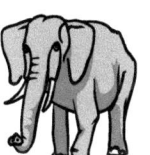

slon

elefant

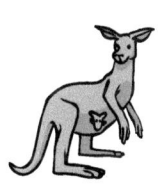

klokan

kangur

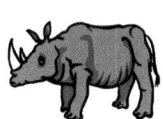

nosorožec

rinoceront

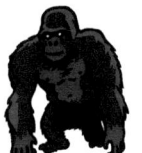

gorila

gorillë

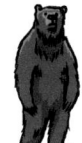

medvěd

ari

velbloud

deve

pštros

struc

lev

luan

opice

majmun

plameňák

flamingo

papoušek

papagall

lední medvěd

ari polar

tučňák

pinguin

žralok

peshkaqen

páv

pallua

had

gjarpër

krokodýl

krokodil

ošetřovatel zvířat

punonjës i kopshtit zoologjik

tuleň

fokë

jaguár

xhaguar

poník

poni

leopard

leopard

hroch

hipopotam

žirafa

gjirafë

orel

shqiponjë

divoké prase

derr i egër

ryby

peshk

želva

breshkë

mrož

lopë deti

liška

dhelpër

gazela

gazelë

americký fotbal
futboll amerikan

cyklistika
çiklizëm

tenis
tenis

košíková
basketboll

plavání
not

box
boks

lední hokej
hokej mbi akull

kopaná
futboll

badminton
badminton

lehká atletika
atletikë

házená
hendboll

běh na lyžích
ski

vodní pólo
polo

skočit
hidhem

smát se
qesh

objímat
përqafoj

jít
eci

zpívat
këndoj

snít
ëndërroj

modlit se
lutem

políbit
puth

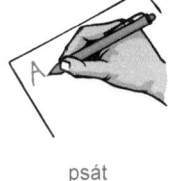

psát
shkruaj

kreslit
vizatoj

ukazovat
tregoj

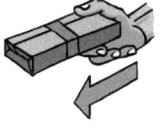

tlačit
shtyj

dát
jap

vzít si
marr

mít

kam

dělat

bëj

být

jam

stát

qëndroj

běhat

vrapoj

táhnout

tërheq

hodit

hedh

padat

bie

ležet

shtrihem

čekat

pres

nosit

mbaj

sedět

ulem

oblékat

vishem

spát

fle

vzbudit se

zgjohem

prohlédnout si

shikoj

plakat

qaj

pohladit

përkëdhel

česat

kreh

hovořit

bisedoj

rozumět

kuptoj

ptát se

kërkoj

slyšet

dëgjoj

pít

pi

jíst

ha

uklidit

sistemoj

milovat

dashuroj

vařit

gatuaj

jet

drejtoj makinën

letět

fluturoj

aktivity - aktivitet

plachtit

lundroj

počítat

llogaris

číst

lexoj

učit se

mësoj

pracovat

punoj

vzít si

martohem

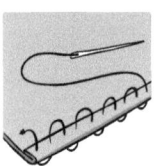

šít

qep

čistit si zuby

laj dhëmbët

zabít

vras

kouřit

tymos

poslat

dërgoj

babička
gjyshe

dědeček
gjysh

otec
baba

matka
nënë

dítě
bebe

dcera
vajzë

syn
djalë

host
mysafir

teta
teze, hallë

strýc
dajë, xhaxha

bratr
vëlla

sestra
motër

tělo
trupi

čelo
balli
oko
syri
rameno
shpatulla
prst
gishti
obličej
fytyra
brada
mjekra
ruka
dora
dolní končetina
këmba
hruď
krahërori
paže
krahu

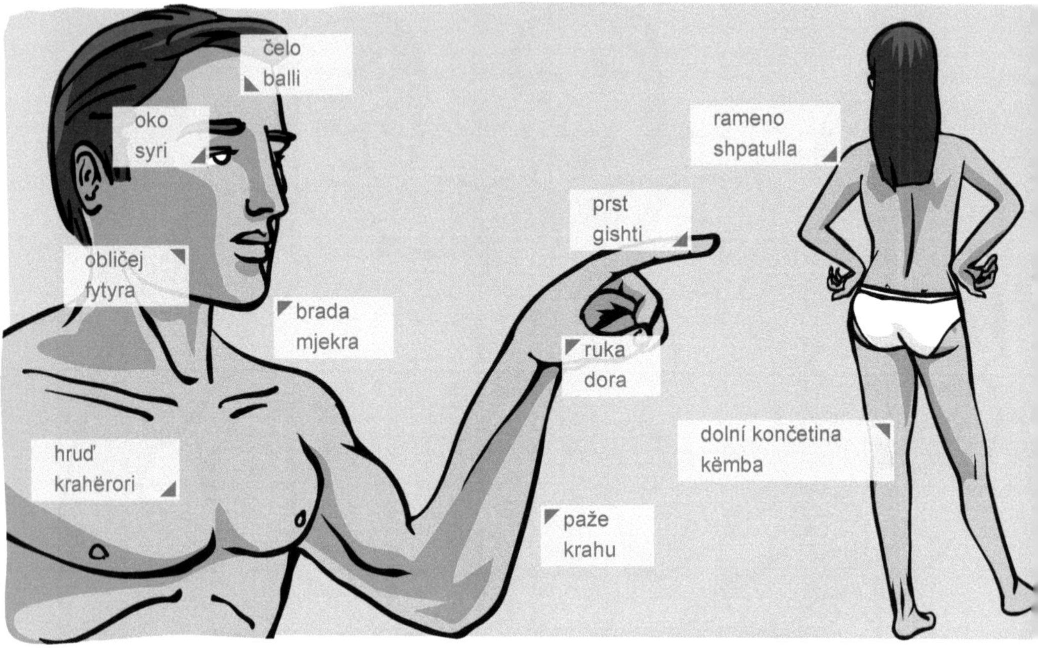

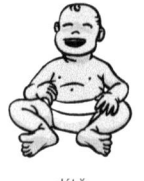

dítě
bebe

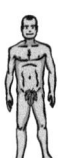

muž
burrë

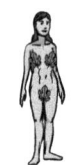

žena
grua

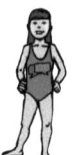

dívka
vajzë

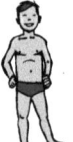

chlapec
djalë

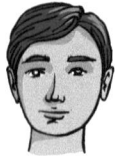

hlava
koka

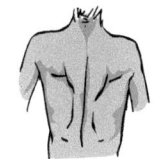

záda

shpina

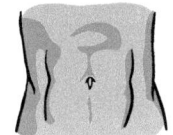

břicho

barku

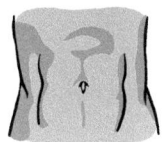

pupík

kërthiza

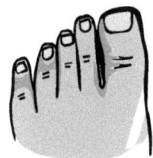

prst na noze

gisht këmbe

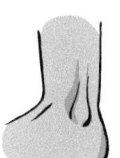

pata

Thembra

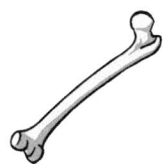

kost

kockë

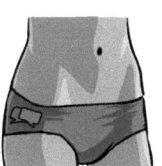

bok

legeni

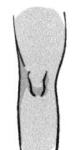

koleno

gjuri

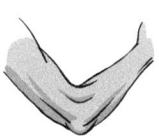

loket

bërryli

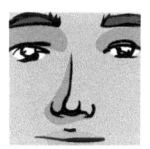

nos

hunda

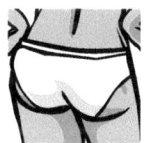

zadek

vithe

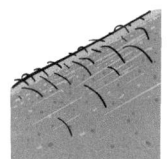

kůže

lëkura

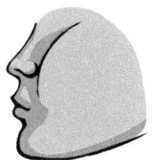

tvář

faqja

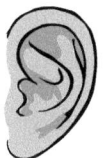

ucho

veshi

ret

buza

ústa
goja

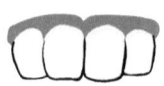

zub
dhëmbët

jazyk
gjuha

mozek
truri

srdce
zemra

sval
muskul

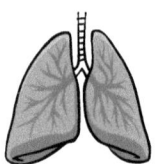

plíce
mushkëria

játra
mëlçia

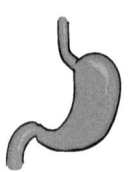

žaludek
stomaku

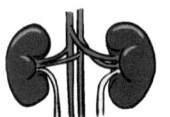

ledviny
veshka

pohlavní styk
seks

kondom
prezervativ

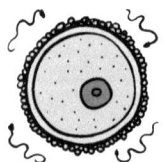

vajíčko
veza

sperma
sperma

těhotenství
shtatëzani

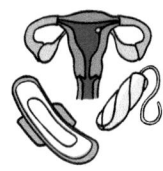

menstruace

menstruacione

vagina

vagina

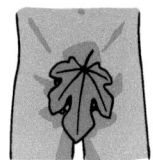

penis

penis

obočí

vetulla

vlasy

flokët

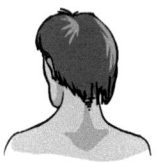

krk

qafa

nemocnice
spital

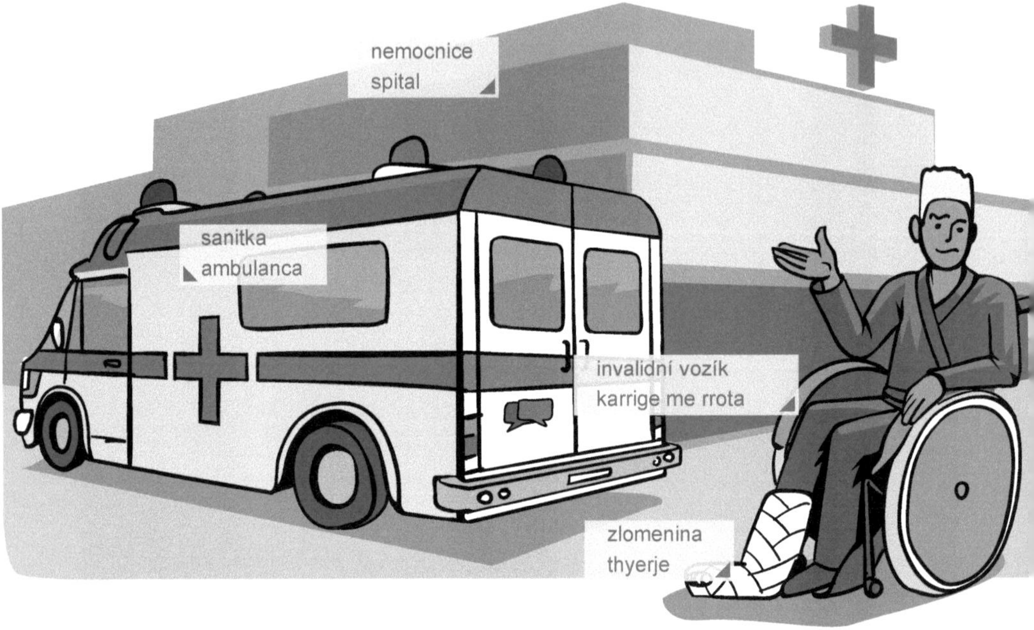

nemocnice
spital

sanitka
ambulanca

invalidní vozík
karrige me rrota

zlomenina
thyerje

lékař

mjek

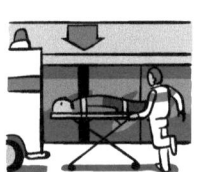

pohotovost

sallë urgjencash

zdravotní sestra

infermiere

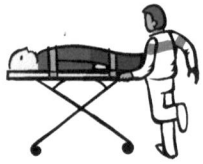

urgentní případ

emergjencë

v bezvědomí

i pandërgjegjshëm

bolest

dhimbje

úraz

dëmtim

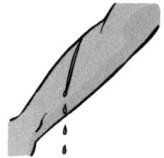

krvácení

gjakosje

infarkt myokardu

infarkt

cévní mozková příhoda

goditje

alergie

alergji

kašel

kolla

horečka

ethe

chřipka

grip

průjem

diarre

bolest hlavy

dhimbje koke

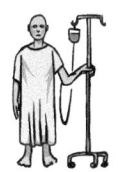

rakovina

kancer

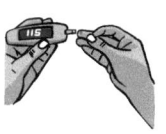

cukrovka

diabet

chirurg

kirurg

skalpel

bisturi

operace

operacion

CT
....
CT (skaner)

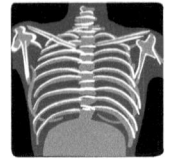

rentgen
....
radiografi

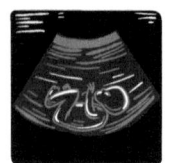

ultrazvuk
....
ultratingull

maska
....
maskë fytyre

nemoc
....
sëmundje

čekárna
....
dhomë pritjeje

berle
....
paterica

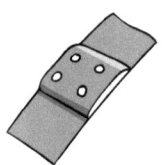

náplast
....
leukoplast

obvaz
....
fasho

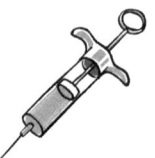

injekce
....
injeksion

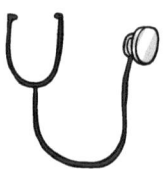

stetoskop
....
stetoskop

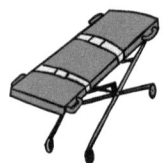

nosítka
....
barelë

teploměr
....
termometër

porod
....
lindje

nadváha
....
mbipeshë

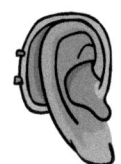

naslouchátko

aparat dëgjimi

dezinfekční prostředek

dezinfektant

infekce

infeksion

virus

virus

HIV / AIDS

HIV / AIDS

lékařství

mjekësi, mjekim

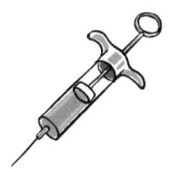

očkování

vaksinim

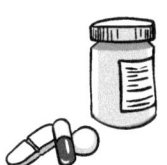

tablety

tableta

pilulka

pilulë

tísňové volání

telefonatë emergjence

tonometr

aparat tensioni

nemocný / zdravý

i sëmurë / i shëndetshëm

Pomoc!

Ndihmë!

poplach

alarm

přepadení

sulm

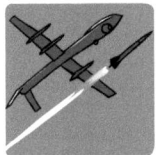

napadení

atak

nebezpečí

rrezik

nouzový východ

dalje emergjence

Hoří!

Zjarr!

hasicí přístroj

fikëse zjarri

nehoda

aksident

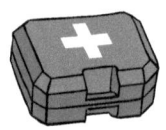

zdravotnická brašna

kuti e ndimës së shpejtë

SOS

SOS

policie

policia

Evropa

Europa

Severní Amerika

Amerika e Veriut

Jižní Amerika

Amerika e Jugut

Afrika

Afrika

Asie

Azia

Austrálie

Australia

Atlantik

Atlantiku

Pacifik

Paqësori

Indický oceán

Oqeani Indian

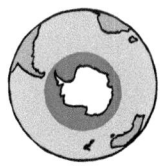

Jižní ledový oceán

Oqeani Antarktik

Severní ledový oceán

Oqeani Arktik

severní pól

Poli i veriut

jižní pól

Poli i Jugut

Antarktida

Antarktida

země

toka

pevnina

tokë

moře

det

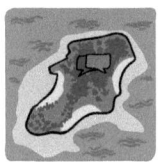

ostrov

ishull

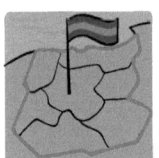

národ

komb

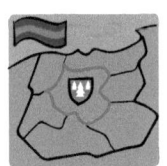

stát

shtet

ciferník
....
fusha e orës

hodinová ručička
....
akrepi i orës

minutová ručička
....
akrepi i minutave

vteřinová ručička
....
akrepi i sekondave

Kolik je hodin?
....
Sa është ora?

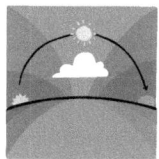

den
....
ditë

čas
....
kohë

teď
....
tani

digitální hodinky
....
orë dixhitale

minuta
....
minutë

hodina
....
orë

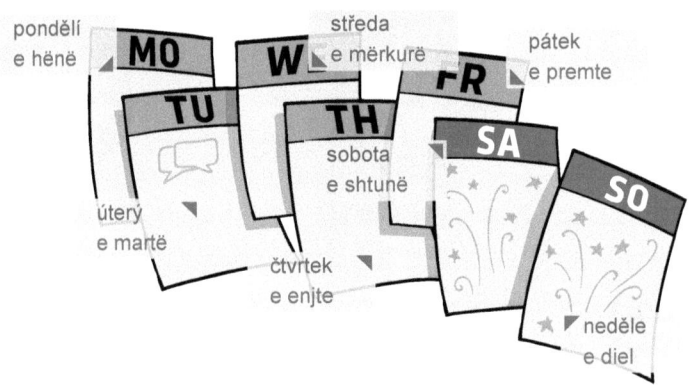

pondělí
e hënë

středa
e mërkurë

pátek
e premte

úterý
e martë

sobota
e shtunë

čtvrtek
e enjte

neděle
e diel

včera

dje

dnes

sot

zítra

nesër

ráno

mëngjes

poledne

mesditë

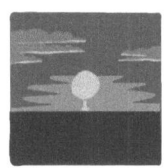

večer

mbrëmje

MO	TU	WE	TH	FR	SA	SU
1	2	3	4	5	6	7
8	9	10	11	12	13	14
15	16	17	18	19	20	21
22	23	24	25	26	27	28
29	30	31	1	2	3	4

pracovní dny

ditë pune

MO	TU	WE	TH	FR	SA	SU
1	2	3	4	5	6	7
8	9	10	11	12	13	14
15	16	17	18	19	20	21
22	23	24	25	26	27	28
29	30	31	1	2	3	4

víkend

fundjavë

déšť
shi

duha
ylber

vítr
erë

sníh
borë

jaro
pranverë

podzim
vjeshtë

léto
verë

zima
dimër

4.APRIL	11°	☀
5.APRIL	4°	☁
6.APRIL	13°	☁
7.APRIL	8°	❄
8.APRIL	10°	☀

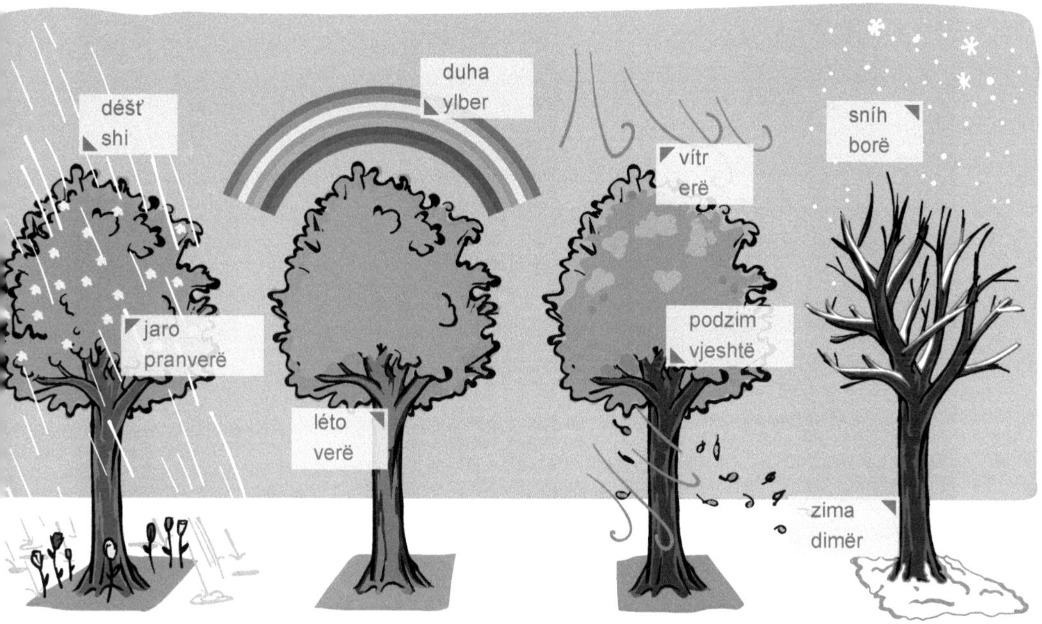

předpověď počasí

parashikimi i motit

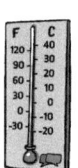

teploměr

termometër

sluneční svit

ndriçim dielli

mrak

re

mlha

mjegull

vlhkost

lagështi

blesk

vetëtima

hrom

gjëmim

bouřka

stuhi

kroupy

breshër

monzun

muson

povodeň

përmbytje

led

akull

leden

janar

únor

shkurt

březen

mars

duben

prill

květen

maj

červen

qershor

červenec

korrik

srpen

gusht

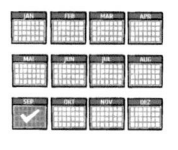

září
....
shtator

říjen
....
tetor

listopad
....
nëntor

prosinec
....
dhjetor

tvary
forma

kruh
....
rreth

čtverec
....
katror

obdélník
....
drejtkëndësh

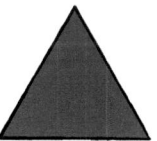

trojúhelník
....
trekëndësh

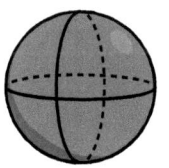

koule
....
sferë

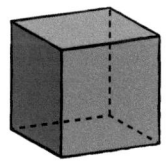

krychle
....
kub

bílá

e bardhë

žlutá

e verdhë

oranžová

portokalli

růžová

rozë

červená

e kuqe

fialová

vjollcë

modrá

blu

zelená

e gjelbër

hnědá

kafe

šedá

gri

černá

e zezë

hodně / málo

shumë / pak

rozzuřený / mírumilovný

i nevrikosur / i qetë

krásný / ošklivý

i bukur / i shëmtuar

začátek / konec

fillim / fund

velký / malý

i madh / i vogël

světlý / tmavý

i ndritshëm / i errët

bratr / sestra

vëlla / motër

čistý / špinavý

e pastër / e pistë

úplný / neúplný

e plotë / jo e plotë

den / noc

ditë / natë

mrtvý / živý

gjallë / vdekur

široký / úzký

i gjerë / i ngushtë

jedlý / nejedlý

i ngrënshëm / i
pangrënshëm

zlý / hodný

i keq / i këndshëm

vzrušený / znuděný

i lumtur / i mërzitur

tlustý / hubený

i shëndoshë / i dobët

nejdříve / naposledy

e para / e fundit

přítel / nepřítel

mik / armik

plný / prázdný

plot / bosh

tvrdý / měkký

e fortë / e butë

těžký / lehký

e rëndë / e lehtë

hlad / žízeň

uri / etje

nemocný / zdravý

i sëmurë / i shëndetshëm

ilegální / legální

e paligjshme / e ligjshme

inteligentní / hloupý

i zgjuar / budalla

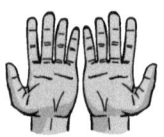

vlevo / vpravo

majtas / djathtas

blízko / daleko

afër / larg

nový / použitý

e re / e përdorur

nic / něco

asgjë / diçka

starý / mladý

i moshuar / i ri

zapnutý / vypnutý

ndezur / fikur

otevřeno / zavřeno

hapur / mbyllur

tichý / hlasitý

i qetë / i zhurmshëm

bohatý / chudý

i pasur / i varfër

správný / špatný

e drejtë / e gabuar

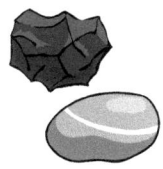

drsný / hladký

i ashpër / i butë

smutný / šťastný

i mërzitur / i lumtur

krátký / dlouhý

i shkurtër / i gjatë

pomalý / rychlý

ngadalë / shpejt

vlhký / suchý

i lagësht / i thatë

teplý / chladný

ngrohtë / freskët

válka / mír

luftë / paqe

0

nula

zero

1

jedna

një

2

dva

dy

3

tři

tre

4

čtyři

katër

5

pět

pesë

6

šest

gjashtë

7

sedm

shtatë

8

osm

tetë

9

devět

nentë

10

deset

dhjetë

11

jedenáct

njëmbëdhjetë

12

dvanáct

dymbëdhjetë

13

třináct

trembëdhjetë

14

čtrnáct

katërmbëdhjetë

15

patnáct

pesëmbëdhjetë

16

šestnáct

gjashtëmbëdhjetë

17

sedmnáct

shtatëmbëdhjetë

18

osmnáct

tetëmbëdhjetë

19

devatenáct

nentëmbëdhjetë

20

dvacet

njëzetë

100

sto

qind

1.000

tisíc

mijë

1.000.000

milion

milion

angličtina

anglisht

americká angličtina

anglishte amerikane

standardní čínština

kinezisht mandarin

hindština

hindi

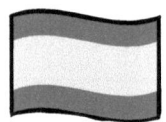

španělština

spanjisht

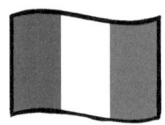

francouzština

frëngjisht

arabština

arabisht

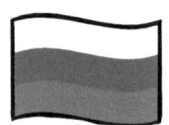

ruština

rusisht

portugalština

portugalisht

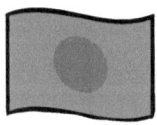

bengálština

bengalisht

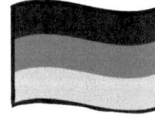

němčina

gjermanisht

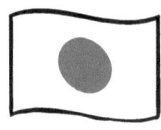

japonština

japonisht

já
....
unë

ty
....
ti

on / ona / ono
....
ai / ajo

my
....
ne

vy
....
ju

oni
....
ata

Kdo?
....
kush?

Co?
....
çfarë?

Jak?
....
si?

Kde?
....
ku?

Kdy?
....
kur?

jméno
....
emër

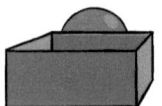

za
....
pas

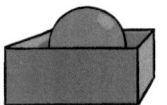

do
....
në

z
....
përballë

nad
....
sipër

na
....
mbi

mezi
....
poshtë

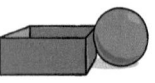

vedle
....
pranë

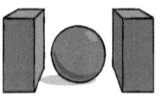

mezi
....
midis

místo
....
vend